박다진 센세와 함께 익히는
JLPT N5 일본어능력시험 필수단어 400

박다진 선세와 함께 익히는

JLPT N5
일본어능력시험
필수단어
400

박다진 지음

세나북스

'1만 시간의 법칙'을 아시나요? 1993년 미국의 심리학자 앤더스 에릭슨이 발표한 논문에 처음 등장한 개념으로, 어떤 분야의 전문가가 되려면 최소한 1만 시간 정도의 훈련이 필요하다는 법칙입니다. 언어야말로 정말 긴 시간과 반복이 필요하다고 생각해서 제가 좋아하는 말이기도 합니다.

환경에 따라, 언어에 따라 차이는 있겠지만 어학을 습득하기 위해서는 대략 2,000 ~ 3,000시간을 투자해야 한다고 합니다. 1만 시간 정도 투자하면 충분히 어학의 달인이 될 수 있을 것입니다.

일본어는 우리말과 어순이 같아 쉽게 접근할 수 있는 언어입니다. 반면 우리말과 뜻이 비슷하면서도 미묘하게 다른 단어도 있어 깊이 있게 공부하면 할수록 어려움을 느끼는 언어이기도 합니다.

우리가 외국어를 공부하는 데 있어 가장 중요한 기본은 단어입니다. 외국어 공부의 기초가 되는 단어를 공부하는 방법은 크게 두 가지로 나눌 수 있습니다. 암기에 중점을 두고 단어만 외우거나 예문을 통해 자연스럽게 단어를 습득하는 방법입니다.

저는 예문을 통해 익히는 방법을 권하고 싶습니다. 단어를 예문으로 접하며 공부하면 상황에 따른 적절한 표현과 활용 방법까지 함께 익힐 수 있습니다.

이 책에서는 JLPT(일본어능력시험) N5에 출제 빈도가 높은 필수단어를 선별하여 품사별로 정리하였고, 일본어 단어를 쉽게 익힐 수 있도록 모든 단어를 예문과 함께 실어 좀 더 효과적으로 단어를 정복할 수 있도록 구성했습니다.

외국어는 꾸준한 반복 학습이 중요한 만큼 예문을 여러 번 반복 학습하고 예문을 통해 단어를 완벽하게 마스터하시길 바랍니다. 시험을 준비하거나 일본어 공부를 하는 모든 분께 이 교재가 많은 도움이 되길 바라며 하시는 공부에 결실이 있도록 응원하겠습니다.

마지막으로 감수를 담당해 주신 다카나 아오이 씨와 저를 항상 응원해 주시며 출간에 큰 도움을 주신 최수진 대표님께 깊이 감사드립니다.

저자 박다진

목차

이 책의 구성과 특징

1 JLPT N5 필수단어 400개를 정리했습니다.

JLPT(일본어능력시험) N5에서 출제 빈도가 높은 필수단어 400개를 선별하여 품사별로 정리했습니다.

2 하루 4개 단어만 익혀도 100일이면 400개 단어 정복!

총 400개의 단어를 하루에 3~4개씩 나누어 공부해 보세요. 4개씩이면 100일, 3개씩 공부하면 134일 만에 JLPT N5 주요 단어 400개 클리어!

3 단어를 따라 써 보면 더 좋아요!

책을 보면서 단어와 예문을 따라 써 보세요. 직접 손으로 쓰면 몸을 사용하는 적극성이 단어와의 관계를 더 깊게 해 주고 문자를 마음에 새기는 효과도 있다고 합니다.

이 책의 구성과 특징

4 단어를 크게 배치하여 가독성을 높였습니다.

일본어를 익히기 위해서 한자 습득은 필수입니다. 한자의 글자 크기가 너무 작으면 보고 익히기에 더 어렵게 느껴집니다. 한자에 익숙하지 않은 어린 학생이나 작은 글자 읽기에 어려움이 있는 분들을 위해 단어를 크게 배치하여 학습에 도움을 드리고자 했습니다.

5 필수단어를 예문과 함께 익힐 수 있게 구성했습니다.

예문을 통해 단어를 익히면 상황에 따른 적절한 표현과 활용 방법까지 함께 파악할 수 있어서 단어를 더 쉽고 효과적으로 정복할 수 있습니다.

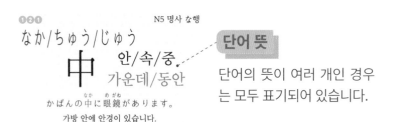

① ② ①　　　　　　　N5 명사 な행

なか/ちゅう/じゅう

中　　안/속/중

가운데/동안

かばんの中に眼鏡があります。

가방 안에 안경이 있습니다.

본문 53 페이지

단어 뜻

단어의 뜻이 여러 개인 경우는 모두 표기되어 있습니다.

이 책의 구성과 특징

① 　　　　　　　　　　　　　　N5 명사 あ행

　　あき
　　秋　　가을

いつの間にか秋になりました。
어느새 가을이 되었습니다.

단어와 후리가나

JLPT N5 필수단어와 후리가나가 가독성 좋게 배치되어 있습니다.

② 　　　　　　　　　　　　　　N5 명사 あ행

　　あさ
　　朝　　아침

今日は朝早く約束があります。
오늘은 아침 일찍 약속이 있습니다.

품사와 행

단어에 해당하는 명사, 동사, 부사 등의 품사 정보와 어떤 행인지 표시되어 있습니다.

③ 　　　　　　　　　　　　　　N5 명사 あ행

あさ　ご　はん
朝御飯　아침밥

私は朝御飯を食べて学校へ行きます。
나는 아침밥을 먹고 학교에 갑니다.

단어를 사용한 예문

예문을 통해 단어의 의미나 쓰임새를 더 잘 이해하고 익힐 수 있습니다.

본문 11 페이지

6 미니 단어장으로 정리 및 최종 점검을 할 수 있습니다.

부록으로 미니 단어장을 추가하여 JLPT N5 필수단어 400개를 한눈에 보면서 자신의 실력을 테스트해 볼 수 있게 구성했습니다.

미니 단어장

알고 있는 단어를 체크해 보세요

번호	단어	읽는 법	뜻	체크
1	秋	あき	가을	☐
2	朝	あさ	아침	☐
3	朝御飯	あさごはん	아침밥	☐
4	足	あし	다리/발	☐
5	頭	あたま	머리	☐
6	あなた	あなた	당신	☐
7	雨	あめ	비	☐
8	家	いえ	집	☐
9	いくら	いくら	얼마	☐
10	池	いけ	연못	☐
11	医者	いしゃ	의사	☐
12	いす	いす	의자	☐
13	一日	いちにち	하루	☐
14	意味	いみ	의미	☐
15	入り口	いりぐち	입구	☐
16	色	いろ	색	☐
17	上	うえ	위	☐
18	後ろ	うしろ	뒤	☐
19	歌	うた	노래	☐
20	家	うち	집	☐
21	海	うみ	바다	☐
22	絵	え	그림	☐
23	映画	えいが	영화	☐
24	映画館	えいがかん	영화관	☐
25	英語	えいご	영어	☐

본문 159 페이지

미니 단어장

400개 단어의 읽는 법, 뜻을 한 눈에 볼 수 있게 정리한 미니 단어장입니다. 최종 점검용으로도 활용할 수 있어요.

체크 란 활용하기

알고 있거나 모르는 단어를 체크해 보세요. 체크 란을 활용해서 더욱 효율적으로 일본어 단어 공부를 할 수 있습니다.

Part 1.

명사

あき
秋   가을

いつの間にか秋になりました。

어느새 가을이 되었습니다.

あさ
朝   아침

13

今日は朝早く約束があります。

오늘은 아침 일찍 약속이 있습니다.

あさ ご はん
朝御飯 아침밥

私は朝御飯を食べて学校へ行きます。

나는 아침밥을 먹고 학교에 갑니다.

あし

足   다리/발

<ruby>長<rt>なが</rt></ruby>くあるいたので<ruby>足<rt>あし</rt></ruby>が<ruby>痛<rt>いた</rt></ruby>いです。

오래 걸어서 다리가 아픕니다.

あたま

頭   머리

14

<ruby>頭<rt>あたま</rt></ruby>が<ruby>痛<rt>いた</rt></ruby>いです。

머리가 아픕니다.

あなた   당신

あなたが<ruby>好<rt>す</rt></ruby>きです。

당신을 좋아합니다.

あめ

雨   비

ソウルは今雨が降っています。

서울은 지금 비가 오고 있습니다.

いえ

家   집

家の中で走ると怒られる。

집 안에서 뛰면 야단맞는다.

いくら   얼마

このかばんはいくらですか。

이 가방은 얼마입니까?

いけ

池　　　연못

いけ　　こい
あの池には鯉がたくさんいます。

저 연못에는 잉어가 많이 있습니다.

16

い　　しゃ

医　者　의사

わたし　あに　　い しゃ
私の兄は医者です。

저의 형은 의사입니다.

い　す　의자

つくえ　まえ
机の前にいすがあります。

책상 앞에 의자가 있습니다.

いち にち

一 日 하루

いちにち　　にしょくた
一日に二食食べています。

하루에 두 끼 먹고 있습니다.

い　　　み

意味 의미

い み
どういう意味ですか。

어떤 의미입니까?

い　　　　　ぐち

入り口 입구

う　ば　　こうえん　い　ぐち
チケット売り場は公園の入り口にございます。

매표소는 공원 입구에 있습니다.

いろ
色   색

かのじょ あか いろ にあ
彼女は明るい色のワンピースがよく似合う。

그녀는 밝은색 원피스가 잘 어울린다.

うえ
上   위

うえ かびん
テーブルの上に花瓶があります。

테이블 위에 꽃병이 있습니다.

うし
後ろ   뒤

かれ うし ふ む
彼は後ろを振り向いた。

그는 뒤를 돌아봤다.

18

うた

歌　노래

おんがく　き　　　　　うた　うた
音楽を聞きながら歌を歌います。

음악을 들으면서 노래를 부릅니다.

うち

家　집

うち　　えき　　　ある　　にじゅっぷん
家から駅まで歩いて20分かかります。

집에서 역까지 걸어서 20분 걸립니다.

うみ

海　바다

うみ　み　　へや
海が見える部屋はいくらですか。

바다가 보이는 방은 얼마입니까?

19

2 2

え
絵   그림

わたし　きのう　え　か
私は昨日、絵を描きました。

나는 어제 그림을 그렸습니다.

2 3

えい　が
映画   영화

の　　　　　　　　えい が　み
コーラを飲みながら映画を見ます。

콜라를 마시면서 영화를 봅니다.

2 4

えい　が　かん
映画館   영화관

ゆうびんきょく　となり　えい が かん
郵便局の隣に映画館があります。

우체국 옆에 영화관이 있습니다.

えい ご
英語 영어

すいようび　えいご　しけん
水曜日は英語の試験があります。

수요일은 영어 시험이 있습니다.

えき
駅 역

21

えきまえ　ぎんこう
駅前に銀行があります。

역 앞에 은행이 있습니다.

えんぴつ
鉛筆 연필

えんぴつ　けし　　ひつよう
鉛筆と消ゴムが必要です。

연필과 지우개가 필요합니다.

お菓子 <small>かし</small>   과자

<small>おい こ かし す</small>
甥っ子はお菓子が好きです。

조카는 과자를 좋아합니다.

お金 <small>かね</small>   돈

<small>さい ふ かね</small>
財布にお金がありません。

지갑에 돈이 없습니다.

お酒 <small>さけ</small>   술

<small>おっと さけ の</small>
夫はお酒をよく飲みます。

남편은 술을 자주 마십니다.

さら
お皿 접시

母はきれいなお皿を集めています。

엄마는 예쁜 접시를 모으고 있습니다.

ちゃ
お茶 차

友達とお茶を飲みながら話を交します。

친구들과 차를 마시면서 이야기를 나눕니다.

て あら
お手洗い 화장실

お手洗いはどこですか。

화장실은 어디입니까?

おとこ
男　남자

おとこ　はんにん　ちが
あの男が犯人に違いない。
저 남자가 범인이 틀림없다.

おとこ　　　　こ
男の子　남자아이

24

おとこ　こ　けんこう　しゅっせ　いの
たんごのせっくは男の子の健康と出世を祈る。
단오절은 남자아이의 건강과 출세를 기원한다.

おとな
大人　어른

おとな　にゅうじょうりょう　たか
大人は入場料が高いです。
어른은 입장료가 비쌉니다.

おなか 배

おなかが痛くて薬を飲みました。

배가 아파서 약을 먹었습니다.

べんとう お弁当 도시락

25

母は毎日お弁当を作ってくれる。

엄마는 매일 도시락을 싸 주신다.

おんがく 音楽 음악

音楽を聞きながらコーヒーを飲みます。

음악을 들으면서 커피를 마십니다.

おんな

女 여자

あの<ruby>女<rt>おんな</rt></ruby>の<ruby>子<rt>こ</rt></ruby>はとても<ruby>勇敢<rt>ゆうかん</rt></ruby>です。

저 여자아이는 매우 용감합니다.

がいこくじん

外国人 외국인

ここは<ruby>外国人<rt>がいこくじん</rt></ruby>が<ruby>多<rt>おお</rt></ruby>いです。

이곳은 외국인이 많습니다.

かい　しゃ

会社 회사

<ruby>今日<rt>きょう</rt></ruby>は<ruby>会社<rt>かいしゃ</rt></ruby>に<ruby>行<rt>い</rt></ruby>きません。

오늘은 회사에 가지 않습니다.

かい だん
階段 계단

かいだん　りょう
階段を利用してください。

계단을 이용해 주세요.

かお
顔 얼굴

27

かお　きず　つ
顔に傷が付きました。

얼굴에 상처가 났습니다.

がく せい
学生 학생

おとうと　　　がくせい
弟はまだ学生です。

남동생은 아직 학생입니다.

かさ

傘　우산

かさ　も　　い
傘を持って行ってください。

우산을 가지고 가세요.

28

かぜ

風　바람

ふゆ　　　　　かぜ　つめ
冬になると風が冷たくなりました。

겨울이 되자 바람이 차가워졌습니다.

か　　ぜ

風邪　감기

かぜ　　かいしゃ　いちにちやす
風邪で会社を一日休みました。

감기로 회사를 하루 쉬었습니다.

か ぞく
家族　가족

わたし　か ぞく　ごにん
私の家族は5人です。

나의 가족은 5명입니다.

が っ こ う
学校　학교

がっこう　　　さんじゅっぷん
ここから学校まで30分かかります。

여기에서 학교까지 30분 걸립니다.

か ど
角　모퉁이

かど　ま　　　ぎんこう
角を曲がると銀行があります。

모퉁이를 돌면 은행이 있습니다.

かばん 가방

デパートでかばんを買いました。

백화점에서 가방을 샀습니다.

か びん
花瓶 화병/꽃병

小さい花瓶があります。

작은 꽃병이 있습니다.

かみ
紙 종이

彼女は紙で作った人形が好きです。

그녀는 종이로 만든 인형을 좋아합니다.

からだ

体 몸

からだ ぐあい わる がっこう やす
体の具合が悪くて学校を休みました。

몸이 아파서(상태가 좋지 않아서) 학교를 쉬었습니다.

かわ

川 강

かわ おお せいぶつ す
川には多くの生物が住んでいます。

강에는 많은 생물이 살고 있습니다.

かん じ

漢字 한자

た なか かん じ べんきょう
田中さんは漢字の勉強をしています。

다나카 씨는 한자 공부를 하고 있습니다.

き
木　나무

<small>き　　かみ　　つく</small>
木で紙を作ります。

나무로 종이를 만듭니다.

32

きって
切手　우표

<small>ちち　　しゅみ　　きってしゅうしゅう</small>
父は趣味で切手収集をします。

아빠는 취미로 우표 수집을 합니다.

ぎゅうにゅう
牛乳　우유

<small>あさ　　ぎゅうにゅう　　　　　た</small>
朝は牛乳とパンを食べました。

아침은 우유와 빵을 먹었습니다.

きょうしつ

教室　교실

じゅぎょう　お　　　　　　きょうしつ
授業が終わると教室はうるさくなりました。

수업이 끝나자 교실은 시끄러워졌습니다.

きょうだい

兄弟　형제

きょうだい　　　けん か
あの兄弟はよく喧嘩をする。

저 형제는 곧잘 싸운다.

ぎん こう

銀行　은행

わたし　ぎんこう　　つと
私は銀行に勤めています。

저는 은행에 근무하고 있습니다.

くすり

薬 약

<ruby>頭痛<rt>ずつう</rt></ruby>がひどくて<ruby>薬<rt>くすり</rt></ruby>を<ruby>飲<rt>の</rt></ruby>みました。

두통이 심해서 약을 먹었습니다.

くだもの

果物 과일

<ruby>果物<rt>くだもの</rt></ruby>の<ruby>中<rt>なか</rt></ruby>でぶどうが<ruby>一番<rt>いちばん</rt></ruby><ruby>好<rt>す</rt></ruby>きです。

과일 중에서 포도를 가장 좋아합니다.

34

くち

口 입

<ruby>口<rt>くち</rt></ruby>を<ruby>大<rt>おお</rt></ruby>きく<ruby>開<rt>あ</rt></ruby>けてください。

입을 크게 벌려주세요.

くつ

靴　신발

いえ　ちか　　　くつや
家の近くに靴屋ができました。

집 근처에 신발가게가 생겼습니다.

くつ　した

靴下　양말

35

あめ　くつした　ぬ　　　きも　わる
雨で靴下が濡れて気持ち悪いです。

비에 양말이 젖어서 기분이 나쁩니다.

くに

国　나라/고향

わたし　　　　くに　しげん　ゆた
私たちの国は資源が豊かです。

우리나라는 자원이 풍부합니다.

くるま

車 차

くるま なか ね い
車の中で寝入った。

차 안에서 잠이 들었다.

36

けっ こん

結婚 결혼

けっこん おく もの
結婚の贈り物をもらいました。

결혼선물을 받았습니다.

げん かん

玄関 현관

げんかん こわ
玄関のドアが壊れました。

현관문이 고장 났습니다.

こう えん
公園 공원

こうえん　べんとう　た
公園でお弁当を食べました。

공원에서 도시락을 먹었습니다.

こう ばん
交番 파출소

こうばん　まえ　　　てい
交番の前にバス停があります。

파출소 앞에 버스정류장이 있습니다.

こえ
声 (목)소리

かのじょ　こえ　うつく
彼女の声は美しかったです。

그녀의 목소리는 아름다웠습니다.

ご ご
午後 오후

まいにち ご ご しち じ たいきん
毎日午後 7 時に退勤します。

매일 오후 7시에 퇴근합니다.

ご ぜん
午前 오전

びょういん ごぜん く じ
病院は午前9時からです。

병원은 오전 9시부터입니다.

こ と ば
言葉 말

こと ば ひょうげん
言葉で表現できないほどうれしいです。

말로 표현할 수 없을 만큼 기쁩니다.

こ ど も
子供 아이/어린이

こ ど も　　え が お　　あい
子供の笑顔が愛らしいです。

아이의 웃는 얼굴이 사랑스럽습니다.

こ ん ば ん
今晩 오늘 밤

こ ん ば ん　　や く そ く
今晩は約束があります。

오늘 밤은 약속이 있습니다.

さ か な
魚 물고기/생선

は は　　さ か な り ょ う り　　　　　つ く
母は魚料理をよく作ってくれる。

엄마는 생선요리를 자주 해주신다.

さく ぶん
作文　작문

わたし　まいにちさくぶん　れんしゅう
私は毎日作文の練習をします。

나는 매일 작문 연습을 합니다.

40

ざっ　し
雑誌　잡지

ざっし　か
ファッション雑誌を買いたいです。

패션잡지를 사고 싶습니다.

さ　とう
砂糖　설탕

さとう　い
砂糖は入れないでください。

설탕은 넣지 마세요.

さん ぽ

散歩   산책

まいにち こうえん さん ぽ
毎日、公園を散歩します。

매일 공원을 산책합니다.

しお

 소금

41

さ とう しお い
砂糖と塩を入れてください。

설탕과 소금을 넣어주세요.

じ かん

時間   시간

やくそく じ かん へんこう
約束の時間が変更された。

약속 시간이 변경되었다.

しごと
仕事 일

この仕事は一人でできない。

이 일은 혼자서 할 수 없다.

じしょ
辞書 사전

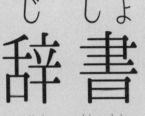

辞書は机の上にあります。

사전은 책상 위에 있습니다.

した
下 아래

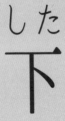

テーブルの下に猫がいます。

테이블 아래에 고양이가 있습니다.

しつもん
質問 질문

せんせい、しつもん
先生、質問があります。

선생님, 질문이 있습니다.

じ てんしゃ
自転車 자전거

じ てんしゃ たか
この自転車は高いです。

이 자전거는 비쌉니다.

しゃしん
写真 사진

か ぞくしゃしん と
家族写真を撮りました。

가족사진을 찍었습니다.

じゅぎょう
授業 수업

じゅぎょう はじ
授業を始めます。

수업을 시작하겠습니다.

しゅくだい
宿題 숙제

あに にほんご しゅくだい
兄は日本語の宿題をしています。

형은 일본어 숙제를 하고 있습니다.

しょくどう
食堂 식당

ゆうめい しょくどう
ここはラーメンが有名な食堂です。

여기는 라면이 유명한 식당입니다.

44

しん ぶん
新聞　신문

ちち　まいあさしんぶん　よ
父は毎朝新聞を読みます。

아빠는 매일 아침 신문을 읽습니다.

せ
背　키

おとうと　わたし　　せ　たか
弟は私より背が高いです。

남동생은 저보다 키가 큽니다.

せん たく
洗濯　빨래/세탁

しゅうまつ　せんたく　　そうじ
週末は洗濯と掃除をします。

주말은 빨래와 청소를 합니다.

そら
空 하늘

ひこうき そら と
飛行機が空を飛んでいます。

비행기가 하늘을 날고 있습니다.

だい がく
大学 대학

だいがく ちゅうごくご なら
大学で中国語を習っています。

대학에서 중국어를 배우고 있습니다.

たい し かん
大使館 대사관

たいしかん
大使館はどこにありますか。

대사관은 어디에 있습니까?

だいどころ
台所　부엌

いえ だいどころ ひろ
この家は台所が広いです。

이 집은 부엌이 넓습니다.

たてもの
建物　건물

ちいき ふる たてもの おお
この地域では古い建物が多いです。

이 지역에는 오래된 건물이 많습니다.

たばこ　담배

かれ す
彼はたばこを吸います。

그는 담배를 피웁니다.

たまご

卵 달걀/계란

たまご た
卵をゆでて食べます。

계란을 삶아 먹었습니다.

たんじょう び

誕生日 생일

たんじょう び
誕生日はいつですか。

생일은 언제입니까?

ちか

近く 근처

ちか びょういん
この近くに病院はありますか。

이 근처에 병원은 있습니까?

48

ち　か　てつ
地下鉄　지하철

ち か てつ　　　　　　　の　か
地下鉄からバスに乗り換えなければならない。

지하철에서 버스로 갈아타야 한다 (갈아타지 않으면 안 된다).

ち　　ず
地図　지도

49

かんこうあんない ち ず　　 ひつよう
観光案内地図が必要です。

관광 안내 지도가 필요합니다.

て
手　손

しょく じ まえ　　　 て　　　　　　　　 あら
食事前には手をきれいに洗ってください。

식사 전에는 손을 깨끗하게 씻으세요.

て　がみ
手紙 편지

ともだち　て　がみ　か
友達に手紙を書いています。

친구에게 편지를 쓰고 있습니다.

で　ぐち
出口 출구

いちばん で ぐち　まえ　　と しょかん
１番出口の前に図書館があります。

1번 출구 앞에 도서관이 있습니다.

てん　き
天気 날씨

てん き
いい天気ですね。

날씨가 좋네요.

でん き
電気 전기

でん き　　きょうきゅう　　ちゅうだん
電気の供給が中断されました。

전기 공급이 중단되었습니다.

でん わ
電話 전화

こうしゅうでん わ
公衆電話はどこにありますか。

공중전화는 어디에 있습니까?

どう ぶつ
動物 동물

ちか　　　　どうぶつびょういん
近くに動物病院はありますか。

근처에 동물병원은 있습니까?

と けい
時計 시계

とけい こうにゅう
時計を購入しました。

시계를 구입했습니다.

52

と しょ かん
図書館 도서관

としょかん ほん よ
図書館で本を読みます。

도서관에서 책을 읽습니다.

とも だち
友達 친구

きのう ともだち
昨日は友達とショッピングをしました。

어제는 친구와 쇼핑을 했습니다.

なか/ちゅう/じゅう

中

안/속/중
가운데/동안

かばんの<ruby>中<rt>なか</rt></ruby>に<ruby>眼鏡<rt>めがね</rt></ruby>があります。

가방 안에 안경이 있습니다.

なつ

夏

여름

<ruby>夏<rt>なつ</rt></ruby>には<ruby>水遊<rt>みずあそ</rt></ruby>びをします。

여름에는 물놀이를 합니다.

なつ やす

夏休み

여름방학

<ruby>夏休<rt>なつやす</rt></ruby>みは<ruby>何<rt>なに</rt></ruby>をしますか。

여름방학은 무엇을 합니까?

なん/なに

何 무엇

なか なに いちばん す
スポーツの中で何が一番好きですか。

스포츠 중에서 무엇을 가장 좋아합니까?

な まえ

名 前 이름

じゅうしょ なまえ か
住 所と名前を書いてください。

주소와 이름을 써 주세요.

にく

肉 고기

うんどう あと おも にく やさい た
運動の後には主に肉と野菜を食べます。

운동 후에는 주로 고기와 야채를 먹습니다.

にし
西 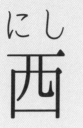 서쪽

ひ　にし　しず
日は西に沈む。

해는 서쪽으로 진다.

に　もつ
荷物 짐

おお　　　に　もつ　　ほ　かん
多くの荷物は保管できません。

많은 짐은 보관할 수 없습니다.

にわ
庭 정원

にわ　　　　　　　　　　　き　　う
庭にりんごの木を植えました。

정원에 사과나무를 심었습니다.

の　　　もの
飲み物 음료수

の　もの　なに
飲み物は何にしますか。

음료수는 무엇으로 하겠습니까?

は
歯 이/치아

は　いた
歯が痛いです。

이가 아픕니다.

は　　がき
葉書 엽서

りょこうちゅう　　きねんはがき　か
旅行中に記念葉書を買いました。

여행 중에 기념엽서를 샀습니다.

はこ

箱 상자

はこ かくにん
箱のサイズを確認してください。

상자 크기를 확인해 주세요.

はし

橋 다리

はし あぶ ひとり わた
この橋は危ないので一人ずつ渡りましょう。

이 다리는 위험하니까 한 사람씩 건너갑시다.

はし

箸 젓가락

こども はし つか
あの子供はもう箸を使います。

저 아이는 벌써 젓가락을 사용합니다.

はな

花　꽃

バラの花がぱあっと咲きました。

장미꽃이 활짝 피었습니다.

はな

鼻　코

私は鼻を弄る癖があります。

나는 코를 만지는 버릇이 있습니다.

はなし

話　이야기

彼女に信じられない話を聞きました。

그녀에게 믿을 수 없는 이야기를 들었습니다.

はる

春 봄

はる　　　　　はな　さ
春になると花が咲きます。

봄이 되면 꽃이 핍니다.

ばんごう

番号 번호

ばんごう　　にゅうりょく
カード番号を入力してください。

카드번호를 입력해 주세요.

ひがし

東 동쪽

たいよう　ひがし　　　のぼ
太陽は東から昇ります。

태양은 동쪽에서 뜹니다.

ひ こう き
飛行機 비행기

ひこうき　とうじょう
飛行機に搭乗してください。

비행기에 탑승해 주세요.

ひだり
左　왼쪽

60

ちゃわん　ひだり　お
お茶碗は左に置きます。

밥그릇은 왼쪽에 놓습니다.

ひと
人　사람

かのじょ　こころ　あたた　ひと
彼女は心が暖かい人です。

그녀는 마음이 따뜻한 사람입니다.

ひとつき

一月　　한 달

ひとつき　いちど　こきょう　い
一月に一度故郷へ行きます。

한 달에 한 번 고향에 갑니다.

びょう　き

病気　　병

ちち　びょうき　　な
父は病気で亡くなりました。

아버지는 병으로 돌아가셨습니다.

ひる

昼　　낮

ひる　し ごと　　　　よる　べんきょう
昼は仕事をし、夜は勉強をする。

낮에는 일을 하고, 밤에는 공부를 한다.

ひる はん
昼ご飯 점심밥

きのう ともだち ひる はん た
昨日は友達と昼ご飯を食べました。

어제는 친구와 점심밥을 먹었습니다.

ふう とう
封筒 봉투

てがみ ふうとう じゅしょ か
手紙の封筒に住所を書いてください。

편지 봉투에 주소를 써 주세요.

ふく
服 옷

あか ふく やわ
赤ちゃんの服は柔らかいです。

아기 옷은 부드럽습니다.

ぶた にく
豚肉 돼지고기

かれ ぶたにく す
彼は豚肉が好きです。

그는 돼지고기를 좋아합니다.

ふゆ
冬 겨울

わたし ふゆ う
私は冬に生まれました。

저는 겨울에 태어났습니다.

ふ ろ
風呂 목욕

おんがく き ふ ろ はい
音楽を聞きながらお風呂に入ります。

음악을 들으면서 목욕을 합니다(욕조에 들어갑니다).

へ や
部屋 방

へ や あたた
部屋 は 暖 かいです。

방은 따뜻합니다.

64

へん
辺 주변/부근/근처

へん
この 辺 にはレストランがない。

이 주변에는 레스토랑이 없다.

べん きょう
勉強 공부

きょう えいご べんきょう よてい
今日は英語の勉強をする予定です。

오늘은 영어 공부를 할 예정입니다.

ぼう　し
帽子　모자

こども　ぼうし
子供は帽子をかぶっています。

아이는 모자를 쓰고 있습니다.

ほか
他　다른

ほか　　　　　　　　たか
このコーヒーは他のコーヒーより高いです。

이 커피는 다른 커피보다 비쌉니다.

ほん
本　책

に　ほん　ご　　　ほん
これは日本語の本ですか。

이것은 일본어 책입니까?

ほんだな
本棚

책장
책꽂이

ほんだな
マンガは本棚にあります。

만화책은 책장에 있습니다.

まいあさ
毎朝 매일 아침

かれ　まいあさ
彼は毎朝ジョギングをします。

그는 매일 아침 조깅을 합니다.

まいつき
毎月 매월

かのじょ　まいつき　　　　　　　　　かつどう
彼女は毎月ボランティア活動をしています。

그녀는 매월 봉사활동을 하고 있습니다.

<ruby>毎<rt>まい</rt>年<rt>とし</rt></ruby> 매년

<ruby>毎<rt>まい</rt>年<rt>とし</rt>、飲<rt>いん</rt>酒<rt>しゅ</rt>運<rt>うん</rt>転<rt>てん</rt>事<rt>じ</rt>故<rt>こ</rt>が発<rt>はっ</rt>生<rt>せい</rt></ruby>しています。

매년 음주운전 사고가 발생하고 있습니다.

<ruby>毎<rt>まい</rt>晩<rt>ばん</rt></ruby> 매일 밤
밤마다

<ruby>彼<rt>かれ</rt>は毎<rt>まい</rt>晩<rt>ばん</rt>酒<rt>さけ</rt>を飲<rt>の</rt></ruby>む。

그는 매일 밤, 술을 마신다.

<ruby>前<rt>まえ</rt></ruby> 앞/전

<ruby>郵<rt>ゆう</rt>便<rt>びん</rt>局<rt>きょく</rt>の前<rt>まえ</rt>に郵<rt>ゆう</rt>便<rt>びん</rt></ruby>ポストがあります。

우체국 앞에 우체통이 있습니다.

まち

町 마을

この町は人口が少ないです。

이 마을은 인구가 적습니다.

まど

窓 창문

窓を閉めてください。

창문을 닫아주세요.

まん ねん ひつ

万年筆 만년필

万年筆はいくらですか。

만년필은 얼마입니까?

みぎ
右 오른쪽

コンビニの前で右に曲がってください。

편의점 앞에서 오른쪽으로 돌아주세요.

みず
水 물

69

食事の前に水を飲みます。

식사 전에 물을 마십니다.

みせ
店 가게/상점

あの店の店員は親切です。

저 가게의 점원은 친절합니다.

みち

道 길

<ruby>道<rt>みち</rt></ruby>に<ruby>迷<rt>まよ</rt></ruby>っている<ruby>人<rt>ひと</rt></ruby>を<ruby>案内<rt>あんない</rt></ruby>した。

길을 잃은 (헤매고 있는) 사람을 안내했다.

みな

皆さん 여러분

<ruby>皆<rt>みな</rt></ruby>さん、おはようございます。

여러분 안녕하세요. (오전 인사)

みなみ

南 남쪽

あちらは<ruby>南<rt>みなみ</rt></ruby>です。

저쪽은 남쪽입니다.

みみ
耳 귀

_{みみ} _{えんしょう} _お
耳に炎症が起きた。

귀에 염증이 생겼다.

みんな 모두

71

_{なんにん}
みんな、何人ですか。

모두 몇 명입니까?

め
目 눈

_{かのじょ} _め _{うつく}
彼女の目は美しいです。

그녀의 눈은 아름답습니다.

め がね
眼鏡 안경

めがねや　めがね　か
眼鏡屋で眼鏡を買いました。

안경점에서 안경을 샀습니다.

72

も の
物 물건

たか　もの　　　　　　　　ほかん
高い物はロッカーに保管してください。

비싼 물건은 보관함에 보관해 주세요.

もん だい
問題 문제

こんかい　　しけんもんだい　　　　　　　　むずか
今回の試験問題はとても難しかったです。

이번 시험 문제는 매우 어려웠습니다.

やさい
野菜 야채/채소

みせ　やさい　しんせん
この店の野菜は新鮮です。

이 가게의 야채는 신선합니다.

やす
休み 휴가/휴일/방학

73

こんど　やす　じょう　い
今度の休みにはスキー場に行きます。

이번 방학에는 스키장에 갑니다.

やま
山 산

やま　のぼ　そうかい
山に登ると爽快です。

산에 오르면 상쾌합니다.

184

ゆうがた
夕方　저녁

ゆうがた　そら
夕方の空はきれいです。

저녁 하늘은 예쁩니다.

185

ゆうびんきょく
郵便局　우체국

きって　ゆうびんきょく　はんばい
切手は郵便局で販売しています。

우표는 우체국에서 판매하고 있습니다.

186

ゆうべ　어젯밤

おそ　　　ゆめ　み
ゆうべ恐ろしい夢を見た。

어젯밤 무서운 꿈을 꾸었다.

ゆき

雪　눈

ゆき じゅっ　　　　　　つ
雪が10センチ積もりました。

눈이 10센티미터 쌓였습니다.

よこ

横　옆

75

よこ　　　い す
テーブルの横に椅子があります。

테이블 옆에 의자가 있습니다.

よる

夜　밤

あき　よる　すず
秋の夜は涼しいです。

가을밤은 선선합니다.

らい げつ
来月 다음 달

らいげつ　にほんご　しけん
来月に日本語の試験があります。

다음 달에 일본어 시험이 있습니다.

らい しゅう
来週 다음 주

76

らいしゅう　やす
来週から休みです。

다음 주부터 휴가입니다.

らい ねん
来年 내년

らいねん　りゅうがく　けいかく
来年に留学を計画しています。

내년에 유학을 계획하고 있습니다.

りゅう が く せい

留 学 生 유학생

かのじょ　りゅうがくせい　　　　かんこく　き
彼女は留学生として韓国に来ました。

그녀는 유학생으로 한국에 왔습니다.

りょうしん

両 親 부모

かのじょ　りょうしん
彼女の両親にあいさつしに行きました。

그녀의 부모님께 인사드리러 갔습니다.

りょう　り

料 理 요리

わたし　　に ほんりょう り　　なら
私は日本料理を習っています。

저는 일본요리를 배우고 있습니다.

りょ こう
旅行 여행

こん ど　　やす　　　ともだち　　　　　　　　　りょこう　い
今度の休みは友達とインド旅行に行きます。

이번 휴가는 친구와 인도여행을 갑니다.

れい 영(숫자)

ご　　　ご　ひ　　れい
5から5を引くと0になります。

5에서 5를 빼면 0이 됩니다.

れい ぞう　こ
冷蔵庫 냉장고

ぎゅうにゅう　　れいぞうこ　　い
牛乳は冷蔵庫に入れてください。

우유는 냉장고에 넣어주세요.

れんしゅう
練習 연습

サッカーの試合のために練習をします。

축구 시합을 위해 연습을 합니다.

わたし
私 나/저

79

私はコーヒーが好きです。

저는 커피를 좋아합니다.

Part 2.

이 형 용 사

あお

青い　파랗다

あお　え　ぐ
青い絵の具をこぼしました。

파란 물감을 쏟았습니다.

あか

赤い　빨갛다

81

あか　　　　はな　か
赤いバラの花を買いました。

빨간 장미꽃을 샀습니다.

あか

明るい　밝다

かれ　ひょうじょう　　　　　あか
彼の表情はいつも明るいです。

그의 표정은 항상 밝습니다.

あたた
暖かい 따뜻하다

てんき　あたた　　はる
天気が暖かい春ですね。

날씨가 따뜻한 봄이네요.

あたら
新しい 새롭다

82

かつどう　あたら　　けいけん
ボランティア活動は新しい経験だった。

봉사활동은 새로운 경험이었다.

あつ
暑い 덥다

きょう　てんき　あつ
今日は天気が暑いです。

오늘은 날씨가 덥습니다.

あぶ
危ない　위험하다

き うえ のぼ あぶ
木の上に登ると危ないです。

나무 위에 올라가면 위험합니다.

あま
甘い　달다

83

もも あま
この桃は甘くておいしいです。

이 복숭아는 달고 맛있습니다.

いそが
忙しい　바쁘다

かれ あいか いそが
彼は相変わらず忙しいです。

그는 여전히 바쁩니다.

いた
痛い 아프다

喉に炎症が起きて痛いです。
<small>のど えんしょう お いた</small>

목에 염증이 생겨서 아픕니다.

おいしい 맛있다

この店のカレーはおいしいです。
<small>みせ</small>

이 가게의 카레는 맛있습니다.

おお
大きい 크다

大きい声で答えてください。
<small>おお こえ こた</small>

큰 소리로 대답해 주세요.

84

おそ
遅い   늦다

しけん じゅんび おそ じかん べんきょう
試験の準備で遅い時間まで勉強しました。

시험 준비로 늦은 시간까지 공부했습니다.

おも
重い   무겁다

85

おも にもつ はこ てつだ
重い荷物を運ぶのを手伝ってくれました。

무거운 짐을 나르는 것을 도와주었습니다.

おもしろ
面白い 재미있다

おもしろ
面白いゲームをしています。

재미있는 게임을 하고 있습니다.

かる
軽い 가볍다

ダイエットで体が軽くなった。

다이어트로 몸이 가벼워졌다.

86

かわいい 귀엽다

にんぎょう
かわいい人形をプレゼントしてもらった。

귀여운 인형을 선물 받았다.

きたな
汚い 더럽다

きたな ふく す
汚い服を捨てました。

더러운 옷을 버렸습니다.

くら
暗い 어둡다

部屋は暗くて静かでした。

방은 어둡고 조용했습니다.

くろ
黒い 검다 까맣다

彼女は黒いコートを着ています。

그녀는 검정 코트를 입고 있습니다.

さむ
寒い 춥다

冷たい風が吹いて寒いです。

차가운 바람이 불어서 춥습니다.

しろ
白い 하얗다

しろ　がようし　え　か
白い画用紙に絵を描きました。

하얀 도화지에 그림을 그렸습니다.

88

すず
涼しい 선선하다

あき　　すず　かぜ　ふ
秋には涼しい風が吹く。

가을에는 선선한 바람이 분다.

せま
狭い 좁다

こうどうはんい　せま
行動範囲が狭いです。

행동 범위가 좁습니다.

たか
高い 높다/비싸다
(키가)크다

値段は高いが価値がない。

값은 비싸지만 가치가 없다.

たの
楽しい 즐겁다

89

遠足は楽しかったです。

소풍은 즐거웠습니다.

ちい
小さい 작다

この服は小さくて着られない。

이 옷은 작아서 입을 수 없다.

ちか
近い　가깝다

えき　　ちか　とろこ　ぎんこう
駅から近い所に銀行があります。

역에서 가까운 곳에 은행이 있습니다.

90
つまらない　시시하다

かれ　　　　　　　　　　　はなし　しんこく
彼はつまらない話を深刻にしています。

그는 시시한 이야기를 심각하게 하고 있습니다.

つめ
冷たい　차다
차갑다

つめ
冷たいビールがおいしいです。

차가운 맥주가 맛있습니다.

つよ
強い 강하다

わたし さむ つよ
私は寒さに強いです。

저는 추위에 강합니다.

とお
遠い 멀다

うち えき きょり とお
家から駅まで距離が遠い。

집(우리집)에서 역까지 거리가 멀다.

なが
長い 길다

くび なが
キリンは首が長い。

기린은 목이 길다.

ひろ
広い 넓다

ひろ こうえん さんぽ
広い公園を散歩しました。

넓은 공원을 산책했습니다.

ふと
太い 굵다

えんぴつ しん ふと
鉛筆の芯が太い。

연필심이 굵다.

ほ
欲しい 원하다
갖고 싶다

しんがた ほ
新型ノートパソコンが欲しいです。

신형 노트북을 갖고 싶습니다.

ほそ
細い 가늘다
좁다

さいきん ほそ はや
最近は細いペンが流行っています。

최근에는 가는 펜이 유행하고 있습니다.

まずい 맛없다

93

た もの
この食べ物はまずい。

이 음식은 맛이 없다.

まる
丸い 둥글다

ひ く まる つき で
日が暮れると、丸い月が出た。

날이 저물자 둥근 달이 떴다.

みじか
短い 짧다

しけんじかん　　　　　みじか
試験時間はとても短かったです。

시험시간은 매우 짧았습니다.

むずか
難しい 어렵다

ほん　ないよう　むずか
この本の内容は難しいです。

이 책의 내용은 어렵습니다.

やすい (값이) 싸다

ねだん　やす　　　　　あじ
このりんごは値段も安いし、味もいいです。

이 사과는 값도 싸고, 맛도 좋습니다.

わか
若い 젊다

わたし わか とき と ざん す
私は若い時登山が好きでした。

저는 젊었을 때 등산을 좋아했습니다.

わる
悪い 나쁘다

うそ わる
嘘は悪い。

거짓말은 나쁘다.

きら
嫌いだ 싫어하다

た なか ぎゅうにゅう きら
田中さんは牛乳が嫌いです。

다나카 씨는 우유를 싫어합니다.

きれいだ

예쁘다
깨끗하다

この公園はきれいです。
<small>こうえん</small>

이 공원은 깨끗합니다.

Part 3.

な형용사

しず

静かだ 조용하다

と しょかん　しず
図書館は静かです。

도서관은 조용합니다.

じょう　ず

上手だ 잘하다
능숙하다

かのじょ　りょうり　じょうず
彼女は料理が上手です。

그녀는 요리를 잘합니다.

じょう　ぶ

丈夫だ 튼튼하다
건강하다

こども　じょうぶ　　　　　　　そだ
子供は丈夫にすくすく育っています。

아이는 튼튼하게 무럭무럭 자라고 있습니다.

250

す
好 き だ 좋아하다

わたし おんがく す
私は音楽が好きです。

저는 음악을 좋아합니다.

251

だいじょうぶ
大丈夫だ 괜찮다
문제없다

100

かし た だいじょうぶ
このお菓子、食べても大丈夫ですか。

이 과자, 먹어도 괜찮습니까?

252

だい す
大好きだ 매우
좋아하다

あに だい す
兄はぶどうが大好きです。

오빠(형)는 포도를 매우 좋아합니다.

たいせつ

大切だ 소중하다
중요하다

<ruby>外<rt>がい</rt></ruby><ruby>国<rt>こく</rt></ruby><ruby>語<rt>ご</rt></ruby>は<ruby>反<rt>はん</rt></ruby><ruby>復<rt>ぷく</rt></ruby><ruby>学<rt>がく</rt></ruby><ruby>習<rt>しゅう</rt></ruby>が<ruby>大<rt>たい</rt></ruby><ruby>切<rt>せつ</rt></ruby>だ。

외국어는 반복 학습이 중요하다.

たい へん

大変だ 힘들다
큰일이다

101

<ruby>約<rt>やく</rt></ruby><ruby>束<rt>そく</rt></ruby>の<ruby>時<rt>じ</rt></ruby><ruby>間<rt>かん</rt></ruby>に<ruby>遅<rt>おく</rt></ruby>れて<ruby>大<rt>たい</rt></ruby><ruby>変<rt>へん</rt></ruby>だ。

약속 시간에 늦어서 큰일이다.

にぎ

賑やかだ 번화하다
떠들석하다

<ruby>祭<rt>まつ</rt></ruby>りで<ruby>村<rt>むら</rt></ruby><ruby>全<rt>ぜん</rt></ruby><ruby>体<rt>たい</rt></ruby>が<ruby>賑<rt>にぎ</rt></ruby>やかだ。

축제로 마을 전체가 떠들썩하다.

ひま
暇だ 한가하다

ひま　しゅうまつ　どくしょ
暇な週末には読書をします。

한가한 주말에는 독서를 합니다.

へ　た
下手だ 서투르다
잘 못하다

えいご　　へ　た
まだ英語が下手です。

아직 영어를 잘 못합니다.

べん　り
便利だ 편리하다

べんり
インターネットは便利です。

인터넷은 편리합니다.

ゆうめい
有名だ 유명하다

みせ ゆうめい
この店のパンは有名です。

이 가게의 빵은 유명합니다.

りっぱ
立派だ 훌륭하다

かれ りっぱ ひと
彼は立派な人だ。

그는 훌륭한 사람이다.

あ
会う 만나다

ともだち あ
友達に会ってショッピングをします。

친구를 만나서 쇼핑을 합니다.

Part 4.

동사

あ

開く 열리다

ドアが開^あきます。

문이 열립니다.

あ

開ける 열다

105

窓^{まど}を開^あけてください。

창문을 열어주세요.

あそ

遊ぶ 놀다

子供^{こども}たちがプールで遊^{あそ}んでいます。

아이들이 수영장에서 놀고 있습니다.

あら
洗う 씻다

て　　　　　あら
手をきれいに洗ってください。

손을 깨끗하게 씻으세요.

106

ある (사물·식물이) 있다

つくえ　うえ　　てちょう
机の上に手帳がある。

책상 위에 수첩이 있다.

ある
歩く 걷다

かれ　いっしょ　ある
彼と一緒に歩きたい。

그와 함께 걷고 싶다.

い

言う 말하다

がっこう せんせい い き
学校では先生の言うことをよく聞いてください。

학교에서는 선생님의 말씀을 잘 들으세요.

い

行く 가다

107

まいにちはちじ がっこう い
毎日8時に学校へ行きます。

매일 8시에 학교에 갑니다.

いる (사람·동물이) 있다

げんかんまえ ねこ
玄関前に猫がいる。

현관 앞에 고양이가 있다.

入れる 넣다
い

薬味を入れてください。
やくみ い

양념을 넣어주세요.

歌う 노래하다
うた

彼は舞台で歌います。
かれ ぶたい うた

그는 무대에서 노래합니다.

生まれる 태어나다
う

彼は11月に生まれました。
かれ じゅういちがつ う

그는 11월에 태어났습니다.

108

う
売る 팔다

とけい ちゅうこ う
時計は中古で売りました。

시계는 중고로 팔았습니다.

お
起きる 일어나다

わたし まいあさ ろくじ お
私は毎朝、6時に起きます。

저는 매일 아침 6시에 일어납니다.

お
置く 놓다/두다

かいしゃ けいたいでんわ お
会社に携帯電話を置いてきました。

회사에 핸드폰을 놓고 왔습니다.

おし
教える　가르치다

たなか　　　　にほんご　　　おし
田中さんは日本語を教えています。

다나카 씨는 일본어를 가르치고 있습니다.

おぼ
覚える　기억하다
외우다

わたし　むかし　　　　　　おぼ
私は昔のことを覚えています。

저는 오래전 일을 기억하고 있습니다.

およ
泳ぐ　헤엄치다
수영하다

ともだち　　　　　　　　　およ
友達とプールで泳ぎました。

친구와 수영장에서 수영했습니다.

110

お
終わる 끝나다

じゅぎょう　お
授業が終わりました。

수업이 끝났습니다.

か
買う 사다

111

ほんや　えいご　ほん　か
本屋で英語の本を買いました。

서점에서 영어책을 샀습니다.

かえ
帰る 돌아가다
돌아오다

りゅうがくせいかつ　お　かんこく　かえ　き
留学生活を終えて韓国に帰って来ました。

유학 생활을 마치고 한국으로 돌아왔습니다.

か
書く 쓰다

まいにちにっき　か
毎日日記を書きます。

매일 일기를 씁니다.

112

かける (말·전화 등을) 걸다

やまだ　　　　　　でんわ
山田さんに電話をかけた。

야마다 씨에게 전화를 걸었다.

か
貸す 빌려주다

ともだち　　かね　か
友達にお金を貸した。

친구에게 돈을 빌려주었다.

かぶる 쓰다

<ruby>田中<rt>たなか</rt></ruby>さんは<ruby>帽子<rt>ぼうし</rt></ruby>をかぶっています。

다나카 씨는 모자를 쓰고 있습니다.

借りる 빌리다

113

<ruby>図書館<rt>としょかん</rt></ruby>で<ruby>本<rt>ほん</rt></ruby>を<ruby>借<rt>か</rt></ruby>りました。

도서관에서 책을 빌렸습니다.

聞く 듣다

<ruby>音楽<rt>おんがく</rt></ruby>を<ruby>聞<rt>き</rt></ruby>いています。

음악을 듣고 있습니다.

き
着る 입다

きもの き
着物を着る。

기모노를 입다.

114

く
来る 오다

かのじょ き
彼女が来ています。

그녀가 오고 있습니다.

こた
答える 대답하다

しつもん こた
質問に答えてください。

질문에 대답해 주세요.

こま

困る 곤란하다

こま   そうだん
困ったことがあったら相談してください。

곤란한 일이 있으면 의논해 주십시오.

さ

咲く 피다

115

はる   はな さ
春になると花が咲きました。

봄이 되자 꽃이 피었습니다.

し

死ぬ 죽다

か   し
飼っていたカタツムリが死んだ。

기르던 달팽이가 죽었다.

し
閉める 닫다

つめ かぜ ふ まど し
冷たい風が吹いて窓を閉めました。

찬 바람이 불어서 창문을 닫았습니다.

し
知る 알다

116

し
すでに知っています。

이미 알고 있습니다.

す
吸う 피우다

す
ここでタバコを吸ってはいけません。

여기서 담배를 피우면 안 됩니다.

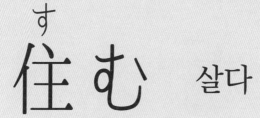

す
住む　살다

かれ　とうきょう　す
彼は東京に住んでいます。

그는 도쿄에 살고 있습니다.

する　하다

117

おっと　しんぶん　よ　　わたし　りょうり
夫は新聞を読んで私は料理をする。

남편은 신문을 읽고 나는 요리를 한다.

すわ
座る　앉다

かのじょ　こうえん　　　　　　すわ
彼女は公園のベンチに座っています。

그녀는 공원 벤치에 앉아 있습니다.

た

立つ 서다

かのじょ　がいろとう　した　た
彼女は街路灯の下に立っています。

그녀는 가로등 아래 서 있습니다.

たの

頼む 부탁하다

118

かれ　たの
彼に頼みました。

그에게 부탁했습니다.

た

食べる 먹다

に　ほん　　　　　　　　た
日本でうどんを食べました。

일본에서 우동을 먹었습니다.

ちが

違う 다르다

ほうほう　ちが　　けっか　おな
方法は違うが結果は同じです。

방법은 다르지만 결과는 같습니다.

つか

使う 사용하다

119

どうぐ　つか　　けいせき
道具を使った形跡があります。

도구를 사용한 흔적이 있습니다.

つか

疲れる 피곤하다

ぎょうむ　おお　　つか
業務が多くて疲れています。

업무가 많아서 피곤합니다.

着く 도착하다

着いたらすぐ電話してください。

도착하면 바로 전화해 주세요.

120

作る 만들다

カレーを作りました。

카레를 만들었습니다.

勤める 근무하다

彼女は病院に勤めています。

그녀는 병원에서 근무하고 있습니다.

で か
出掛ける 나가다
외출하다

はん た で か
ご飯も食べずに出掛けた。

밥도 먹지 않고 나갔다.

で き
出来る 할 수 있다

121

かのじょ で き
彼女なら出来る。

그녀라면 할 수 있다.

で
出る 나가다
나오다

あさしちじ いえ で
朝7時に家を出ます。

아침 7시에 집을 나옵니다.

313

と
飛ぶ 날다

とり そら と
鳥が空を飛んでいます。

새가 하늘을 날고 있습니다.

314

と
止まる 서다 멈추다

122

れっしゃ と
列車が止まった。

열차가 멈췄다.

315

と
取る 취하다 집다

はし と
箸を取ってください。

젓가락을 집어주세요.

と
撮る

(사진을)
찍다

りょこうちゅう　しゃしん　と
旅行中に写真を撮った。

여행 중에 사진을 찍었다.

なら
習う

배우다

やまだ　　　　　　　　　　　　　なら
山田さんはギターを習っています。

야마다 씨는 기타를 배우고 있습니다.

なら
並ぶ

나열되다
줄 서다

なが　なら
長く並んでいる。

길게 줄 서 있다.

123

319

なら
並べる

나열하다
줄 세우다

いちれつ　なら
一列に並べてください。

일렬로 나열해 주세요.

320

124

ね
寝る

자다

わたし　まいにちにっき　か　ね
私は毎日日記を書いて寝ます。

나는 매일 일기를 쓰고 잡니다.

321

のぼ
登る

오르다

けんこう　　　　まいしゅうやま　のぼ
健康のために毎週山に登っています。

건강을 위해 매주 산에 오르고 있습니다.

の

飲む　마시다

コーヒーを飲んでいます。

커피를 마시고 있습니다.

の

乗る　타다

バスに乗って会社に行きます。

버스를 타고 회사에 갑니다.

はい

入る　들어가다

そっと部屋に入った。

몰래 방으로 들어갔다.

はじ

始まる 시작되다

こうえん　はじ
まもなく公演が始まります。

곧 공연이 시작됩니다.

126

はし

走る 달리다

ちこく　　　　えき　　はし
遅刻しそうで駅から走りました。

지각할까 봐 역부터 달렸습니다.

はたら

働く 일하다

かれ　びょういん　はたら
彼は病院で働いています。

그는 병원에서 일하고 있습니다.

はな

話す 이야기하다

はっぴょう　とき　　　　　　　　　　　はな
発表する時はゆっくり話してください。

발표할 때는 천천히 이야기해 주세요.

は

晴れる (날씨가) 개다/맑다

127

ご　ご　　あめ　　　　　　　は
午後は雨がやんで晴れるだろう。

오후에는 비가 그치고 맑을 것이다.

ひ

引く 당기다 끌다

おも　にもつ　ひ　　い
重い荷物を引いて行きます。

무거운 짐을 끌고 갑니다.

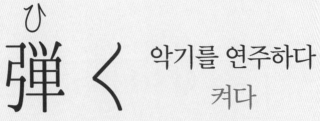

ひ
弾く
악기를 연주하다
켜다

ギターを<ruby>弾<rt>ひ</rt></ruby>きながら<ruby>歌<rt>うた</rt></ruby>を<ruby>歌<rt>うた</rt></ruby>います。

기타를 치면서 노래를 부릅니다.

128

ふ
吹く
불다

<ruby>冷<rt>つめ</rt></ruby>たい<ruby>風<rt>かぜ</rt></ruby>が<ruby>吹<rt>ふ</rt></ruby>いています。

찬 바람이 불고 있습니다.

ふ
降る
(비·눈 등이)
내리다/오다

<ruby>朝<rt>あさ</rt></ruby>から<ruby>雨<rt>あめ</rt></ruby>が<ruby>降<rt>ふ</rt></ruby>る。

아침부터 비가 온다.

ま
待つ 기다리다

こうえん　まえ　ともだち　ま
公園の前で友達を待った。

공원 앞에서 친구를 기다렸다.

み
見せる 보이다 보여주다

129

けいかくしょ　み
計画書を見せてください。

계획서를 보여주세요.

み
見る 보다

か ぞくしゃしん　み
家族写真を見ています。

가족사진을 보고 있습니다.

よ
呼ぶ 부르다

なまえ　よ
名前を呼んでください。

이름을 불러주세요.

130

よ
読む 읽다

あね　しょうせつ　よ
姉は小説を読んでいます。

언니는 소설을 읽고 있습니다.

わ
分かる 알다
이해하다

げんいん　わ
原因が分からない。

원인을 알 수 없다.

わす

忘れる 잇다

おんけい　わす
恩恵を忘れなかった。

은혜를 잊지 않았다.

Part 5.

부사

あまり
그다지
별로/남짓

勉強はあまりしたくない。

공부는 별로 하고 싶지 않다.

いくつ 몇 개

百円でいくつですか。

백 엔에 몇 개입니까?

いくら 얼마

バナナはいくらですか。

바나나는 얼마입니까?

いちど
(もう)一度 한 번 더

もう一度話してください。

한 번 더 이야기해 주세요(다시 한번 말씀해 주세요).

いちばん
一番 가장/제일

134

どんな果物が一番好きですか。

어떤 과일을 가장 좋아합니까?

いつ 언제

入学式はいつですか。

입학식은 언제입니까?

いっしょ

一緒に 함께

ともだち　いっしょ
友達と一緒にショッピングをしました。

친구와 함께 쇼핑을 했습니다.

いつも

늘/항상
언제나

135

かのじょ　　　　　やさ
彼女はいつも優しいです。

그녀는 늘 상냥합니다.

いま

今 지금

いま　じかん
今は時間がない。

지금은 시간이 없다.

いろいろ 여러 가지

いろいろな方法を考えた。

여러 가지 방법을 생각했다.

すぐ 바로/즉시

すぐ連絡してください。

바로 연락해 주세요.

すこ
少し 조금

夕食は少し食べます。

저녁(밥)은 조금 먹습니다.

ぜんぶ
全部　전부

ぜんぶ
全部でいくらですか。

전부 얼마입니까?

137

たいてい　대개
대체로

じかん　　　　　　　　　ほん　よ
その時間はたいてい本を読んでいます。

그 시간에는 대개 책을 읽고 있습니다.

たいへん　매우/몹시
대단히

こうえん
公園はたいへんうるさかったです。

공원은 매우 시끄러웠습니다.

たくさん 많이

<ruby>読書<rt>どくしょ</rt></ruby>をたくさんします。

독서를 많이 합니다.

138

だいぶ 꽤/상당히

<ruby>英語<rt>えいご</rt></ruby>の<ruby>成績<rt>せいせき</rt></ruby>がだいぶ<ruby>上<rt>あ</rt></ruby>がった。

영어 성적이 꽤 올랐다.

たぶん 아마

たぶんそうだろう。

아마 그럴 것이다.

だんだん 점점

だんだん暑_{あつ}くなっています。

점점 더워지고 있습니다.

ちょっと 잠시/잠깐 조금

ちょっと時間_{じかん}ありますか。

잠깐 시간 있으세요?

ちょうど 꼭/딱 정확히

時計_{とけい}を見_みるとちょうど12時_{じゅうにじ}だった。

시계를 보니 정각 12시였다.

362

どうぞ

부디
아무쪼록

どうぞ、よろしくおねがいします。

아무쪼록 잘 부탁드립니다.

363

140

どうも

매우
대단히

どうもありがとうございます。

대단히 감사합니다.

364

ときどき
時々

가끔
때때로

かれ　ときどきれんらく　き
彼に時々連絡が来ます。

그에게 가끔 연락이 옵니다.

とても 매우

えい が　　　　　　　おもしろ
映画はとても面白かったです。

영화는 매우 재미있었습니다.

はじ
初めて 처음으로

はじ　　　かいがいりょこう　い
初めて海外旅行に行きます。

처음으로 해외여행을 갑니다.

ほんとう
本当に 정말로

ほんとう　こころ　いた
本当に心が痛いです。

정말로 마음이 아픕니다.

また 또

では、また来ます。

그럼 또 오겠습니다.

142

まだ 아직

まだ連絡がありません。

아직 연락이 없습니다.

まっすぐ 곧장 똑바로

まっすぐ行って右折してください。

곧장 가서 우회전하세요.

もう

이제/이미
벌써

もう到着<ruby>到着<rt>とうちゃく</rt></ruby>しましたか。

벌써 도착했습니까?

もちろん 물론

143

はい、もちろんです。

네, 물론입니다.

もっと

더욱
한층

もっと<ruby>頑張<rt>がんば</rt></ruby>ってください。

더욱 분발해 주세요.

ゆっくり 천천히

ゆっくり召し上がってください。
め　　あ

천천히 드세요.

144

よく 잘/자주

よく遊びに来てください。
あそ　　き

자주 놀러 오세요.

なぜ 왜

なぜ病院に行きますか。
びょういん　い

왜 병원에 갑니까?

Part 6.

접속사

それから

그러고 나서
그 다음에

<ruby>ご飯<rt>はん</rt></ruby>を<ruby>食<rt>た</rt></ruby>べた。それから<ruby>薬<rt>くすり</rt></ruby>を<ruby>飲<rt>の</rt></ruby>んだ。

밥을 먹었다. 그러고 나서 약을 먹었다.

でも

하지만
그래도

147

<ruby>努力<rt>どりょく</rt></ruby>した。でも、<ruby>結果<rt>けっか</rt></ruby>は<ruby>思<rt>おも</rt></ruby>わしくなかった。

노력했다. 하지만 결과는 좋지 않았다.

Part 7.

의문사

どう 어떻게

この服はどうですか。

이 옷은 어떻습니까?

どうして 왜 어째서

149

どうして分かってくれないの。

왜 몰라주는 거야.

Part 8.

가타카나

アパート 아파트

かのじょ
彼女はアパートに住んでいます。

그녀는 아파트에 살고 있습니다.

カメラ 카메라

たか
高いカメラをプレゼントされました。

비싼 카메라를 선물 받았습니다.

カレー 카레

ぎゅうにゅう　ちゅうもん
カレーと牛乳を注文しました。

카레와 우유를 주문했습니다.

コート 코트

姉は短いコートをよく着ます。

언니는 짧은 코트를 자주 입습니다.

152 コーヒー 커피

毎朝コーヒーを飲みます。

매일 아침 커피를 마십니다.

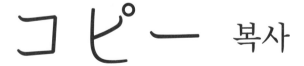

コピー 복사

コピー用紙が不足しています。

복사 용지가 부족합니다.

シャツ 셔츠

薄いシャツを着ています。

얇은 셔츠를 입고 있습니다.

シャワー 샤워

音楽を聞きながらシャワーを浴びました。

음악을 들으면서 샤워를 했습니다.

スカート 스커트 치마

スカートよりズボンが楽です。

치마보다 바지가 편합니다.

スキー 스키

スキーを<ruby>習<rt>なら</rt></ruby>っています。

스키를 배우고 있습니다.

154

スポーツ 스포츠

どんなスポーツが<ruby>好<rt>す</rt></ruby>きですか。

어떤 스포츠를 좋아합니까?

セーター 스웨터

<ruby>厚<rt>あつ</rt></ruby>いセーターを<ruby>着<rt>き</rt></ruby>ています。

두꺼운 스웨터를 입고 있습니다.

393

タクシー 택시

タクシー料金は高いですが、便利です。

택시요금은 비싸지만 편리합니다.

394

テーブル 테이블
탁자

155

テーブルの上に手帳があります。

테이블 위에 수첩이 있습니다.

395

テスト 테스트
시험

今度のテストは難しかった。

이번 시험은 어려웠다.

デパート 백화점

デパートの前で友達に会いました。

백화점 앞에서 친구를 만났습니다.

156

トイレ 화장실

トイレはあちらです.

화장실은 저쪽입니다.

ニュース 뉴스

私はソファに座ってニュースを見ます。

저는 소파에 앉아서 뉴스를 봅니다.

バス 버스

弟はバスに乗って学校に行きます。

남동생은 버스를 타고 학교에 갑니다.

ホテル 호텔

157

観光地にあるホテルを予約しました。

관광지에 있는 호텔을 예약했습니다.

부록

미니 단어장

알고 있는 단어를 체크해 보세요

번호	단어	읽는 법	뜻	체크
1	秋	あき	가을	☐
2	朝	あさ	아침	☐
3	朝御飯	あさごはん	아침밥	☐
4	足	あし	다리/발	☐
5	頭	あたま	머리	☐
6	あなた	あなた	당신	☐
7	雨	あめ	비	☐
8	家	いえ	집	☐
9	いくら	いくら	얼마	☐
10	池	いけ	연못	☐
11	医者	いしゃ	의사	☐
12	いす	いす	의자	☐
13	一日	いちにち	하루	☐
14	意味	いみ	의미	☐
15	入り口	いりぐち	입구	☐
16	色	いろ	색	☐
17	上	うえ	위	☐
18	後ろ	うしろ	뒤	☐
19	歌	うた	노래	☐
20	家	うち	집	☐
21	海	うみ	바다	☐
22	絵	え	그림	☐
23	映画	えいが	영화	☐
24	映画館	えいがかん	영화관	☐
25	英語	えいご	영어	☐

알고 있는 단어를 체크해 보세요

번호	단어	읽는 법	뜻	체크
26	駅	えき	역	☐
27	鉛筆	えんぴつ	연필	☐
28	お菓子	おかし	과자	☐
29	お金	おかね	돈	☐
30	お酒	おさけ	술	☐
31	お皿	おさら	접시	☐
32	お茶	おちゃ	차	☐
33	お手洗い	おてあらい	화장실	☐
34	男	おとこ	남자	☐
35	男の子	おとこのこ	남자아이	☐
36	大人	おとな	어른	☐
37	おなか	おなか	배	☐
38	お弁当	おべんとう	도시락	☐
39	音楽	おんがく	음악	☐
40	女	おんな	여자	☐
41	外国人	がいこくじん	외국인	☐
42	会社	かいしゃ	회사	☐
43	階段	かいだん	계단	☐
44	顔	かお	얼굴	☐
45	学生	がくせい	학생	☐
46	傘	かさ	우산	☐
47	風	かぜ	바람	☐
48	風邪	かぜ	감기	☐
49	家族	かぞく	가족	☐
50	学校	がっこう	학교	☐

알고 있는 단어를 체크해 보세요

번호	단어	읽는 법	뜻	체크
51	角	かど	모퉁이	☐
52	かばん	かばん	가방	☐
53	花瓶	かびん	화병/꽃병	☐
54	紙	かみ	종이	☐
55	体	からだ	몸	☐
56	川	かわ	강	☐
57	漢字	かんじ	한자	☐
58	木	き	나무	☐
59	切手	きって	우표	☐
60	牛乳	ぎゅうにゅう	우유	☐
61	教室	きょうしつ	교실	☐
62	兄弟	きょうだい	형제	☐
63	銀行	ぎんこう	은행	☐
64	薬	くすり	약	☐
65	果物	くだもの	과일	☐
66	口	くち	입	☐
67	靴	くつ	신발	☐
68	靴下	くつした	양말	☐
69	国	くに	나라/고향	☐
70	車	くるま	차	☐
71	結婚	けっこん	결혼	☐
72	玄関	げんかん	현관	☐
73	公園	こうえん	공원	☐
74	交番	こうばん	파출소	☐
75	声	こえ	(목)소리	☐

알고 있는 단어를 체크해 보세요

번호	단어	읽는 법	뜻	체크
76	午後	ごご	오후	☐
77	午前	ごぜん	오전	☐
78	言葉	ことば	말	☐
79	子供	こども	아이/어린이	☐
80	今晩	こんばん	오늘 밤	☐
81	魚	さかな	물고기/생선	☐
82	作文	さくぶん	작문	☐
83	雑誌	ざっし	잡지	☐
84	砂糖	さとう	설탕	☐
85	散歩	さんぽ	산책	☐
86	塩	しお	소금	☐
87	時間	じかん	시간	☐
88	仕事	しごと	일	☐
89	辞書	じしょ	사전	☐
90	下	した	아래	☐
91	質問	しつもん	질문	☐
92	自転車	じてんしゃ	자전거	☐
93	写真	しゃしん	사진	☐
94	授業	じゅぎょう	수업	☐
95	宿題	しゅくだい	숙제	☐
96	食堂	しょくどう	식당	☐
97	新聞	しんぶん	신문	☐
98	背	せ	키	☐
99	洗濯	せんたく	빨래/세탁	☐
100	空	そら	하늘	☐

알고 있는 단어를 체크해 보세요

번호	단어	읽는 법	뜻	체크
101	大学	だいがく	대학	☐
102	大使館	たいしかん	대사관	☐
103	台所	だいどころ	부엌	☐
104	建物	たてもの	건물	☐
105	たばこ	たばこ	담배	☐
106	卵	たまご	달걀/계란	☐
107	誕生日	たんじょうび	생일	☐
108	近く	ちかく	근처	☐
109	地下鉄	ちかてつ	지하철	☐
110	地図	ちず	지도	☐
111	手	て	손	☐
112	手紙	てがみ	편지	☐
113	出口	でぐち	출구	☐
114	天気	てんき	날씨	☐
115	電気	でんき	전기	☐
116	電話	でんわ	전화	☐
117	動物	どうぶつ	동물	☐
118	時計	とけい	시계	☐
119	図書館	としょかん	도서관	☐
120	友達	ともだち	친구	☐
121	中	なか/ちゅう/じゅう	안/속/중/가운데/동안	☐
122	夏	なつ	여름	☐
123	夏休み	なつやすみ	여름방학	☐
124	何	なん/なに	무엇	☐
125	名前	なまえ	이름	☐

알고 있는 단어를 체크해 보세요

번호	단어	읽는 법	뜻	체크
126	肉	にく	고기	☐
127	西	にし	서쪽	☐
128	荷物	にもつ	짐	☐
129	庭	にわ	정원	☐
130	飲み物	のみもの	음료수	☐
131	歯	は	이/치아	☐
132	葉書	はがき	엽서	☐
133	箱	はこ	상자	☐
134	橋	はし	다리	☐
135	箸	はし	젓가락	☐
136	花	はな	꽃	☐
137	鼻	はな	코	☐
138	話	はなし	이야기	☐
139	春	はる	봄	☐
140	番号	ばんごう	번호	☐
141	東	ひがし	동쪽	☐
142	飛行機	ひこうき	비행기	☐
143	左	ひだり	왼쪽	☐
144	人	ひと	사람	☐
145	一月	ひとつき	한 달	☐
146	病気	びょうき	병	☐
147	昼	ひる	낮	☐
148	昼ご飯	ひるごはん	점심밥	☐
149	封筒	ふうとう	봉투	☐
150	服	ふく	옷	☐

알고 있는 단어를 체크해 보세요

번호	단어	읽는 법	뜻	체크
151	豚肉	ぶたにく	돼지고기	☐
152	冬	ふゆ	겨울	☐
153	風呂	ふろ	목욕	☐
154	部屋	へや	방	☐
155	辺	へん	주변/부근/근처	☐
156	勉強	べんきょう	공부	☐
157	帽子	ぼうし	모자	☐
158	他	ほか	다른	☐
159	本	ほん	책	☐
160	本棚	ほんだな	책장/책꽂이	☐
161	毎朝	まいあさ	매일 아침	☐
162	毎月	まいつき	매월	☐
163	毎年	まいとし	매년	☐
164	毎晩	まいばん	매일 밤/밤마다	☐
165	前	まえ	앞/전	☐
166	町	まち	마을	☐
167	窓	まど	창문	☐
168	万年筆	まんねんひつ	만년필	☐
169	右	みぎ	오른쪽	☐
170	水	みず	물	☐
171	店	みせ	가게/상점	☐
172	道	みち	길	☐
173	皆さん	みなさん	여러분	☐
174	南	みなみ	남쪽	☐
175	耳	みみ	귀	☐

알고 있는 단어를 체크해 보세요

번호	일본어	발음	뜻	체크
176	みんな	みんな	모두	☐
177	目	め	눈	☐
178	眼鏡	めがね	안경	☐
179	物	もの	물건	☐
180	問題	もんだい	문제	☐
181	野菜	やさい	야채/채소	☐
182	休み	やすみ	휴가/휴일/방학	☐
183	山	やま	산	☐
184	夕方	ゆうがた	저녁	☐
185	郵便局	ゆうびんきょく	우체국	☐
186	ゆうべ	ゆうべ	어젯밤	☐
187	雪	ゆき	눈	☐
188	横	よこ	옆	☐
189	夜	よる	밤	☐
190	来月	らいげつ	다음 달	☐
191	来週	らいしゅう	다음 주	☐
192	来年	らいねん	내년	☐
193	留学生	りゅうがくせい	유학생	☐
194	両親	りょうしん	부모	☐
195	料理	りょうり	요리	☐
196	旅行	りょこう	여행	☐
197	れい	れい	영(숫자)	☐
198	冷蔵庫	れいぞうこ	냉장고	☐
199	練習	れんしゅう	연습	☐
200	私	わたし	나/저	☐

알고 있는 단어를 체크해 보세요

번호	일본어	발음	뜻	체크
201	青い	あおい	파랗다	☐
202	赤い	あかい	빨갛다	☐
203	明るい	あかるい	밝다	☐
204	暖かい	あたたかい	따뜻하다	☐
205	新しい	あたらしい	새롭다	☐
206	暑い	あつい	덥다	☐
207	危ない	あぶない	위험하다	☐
208	甘い	あまい	달다	☐
209	忙しい	いそがしい	바쁘다	☐
210	痛い	いたい	아프다	☐
211	おいしい	おいしい	맛있다	☐
212	大きい	おおきい	크다	☐
213	遅い	おそい	늦다	☐
214	重い	おもい	무겁다	☐
215	面白い	おもしろい	재미있다	☐
216	軽い	かるい	가볍다	☐
217	かわいい	かわいい	귀엽다	☐
218	汚い	きたない	더럽다	☐
219	暗い	くらい	어둡다	☐
220	黒い	くろい	검다/까맣다	☐
221	寒い	さむい	춥다	☐
222	白い	しろい	하얗다	☐
223	涼しい	すずしい	선선하다	☐
224	狭い	せまい	좁다	☐
225	高い	たかい	높다/비싸다/(키가)크다	☐

167

알고 있는 단어를 체크해 보세요

번호	일본어	발음	뜻	체크
226	楽しい	たのしい	즐겁다	☐
227	小さい	ちいさい	작다	☐
228	近い	ちかい	가깝다	☐
229	つまらない	つまらない	시시하다	☐
230	冷たい	つめたい	차다/차갑다	☐
231	強い	つよい	강하다	☐
232	遠い	とおい	멀다	☐
233	長い	ながい	길다	☐
234	広い	ひろい	넓다	☐
235	太い	ふとい	굵다	☐
236	欲しい	ほしい	원하다/갖고 싶다	☐
237	細い	ほそい	가늘다/좁다	☐
238	まずい	まずい	맛없다	☐
239	丸い	まるい	둥글다	☐
240	短い	みじかい	짧다	☐
241	難しい	むずかしい	어렵다	☐
242	やすい	やすい	(값이)싸다	☐
243	若い	わかい	젊다	☐
244	悪い	わるい	나쁘다	☐
245	嫌いだ	きらいだ	싫어하다	☐
246	きれいだ	きれいだ	예쁘다/깨끗하다	☐
247	静かだ	しずかだ	조용하다	☐
248	上手だ	じょうずだ	잘하다/능숙하다	☐
249	丈夫だ	じょうぶだ	튼튼하다/건강하다	☐
250	好きだ	すきだ	좋아하다	☐

번호	일본어	발음	뜻	체크
251	大丈夫だ	だいじょうぶだ	괜찮다/문제없다	☐
252	大好きだ	だいすきだ	매우 좋아하다	☐
253	大切だ	たいせつだ	소중하다/중요하다	☐
254	大変だ	たいへんだ	힘들다/큰일이다	☐
255	賑やかだ	にぎやかだ	번화하다/떠들석하다	☐
256	暇だ	ひまだ	한가하다	☐
257	下手だ	へただ	서투르다/잘 못하다	☐
258	便利だ	べんりだ	편리하다	☐
259	有名だ	ゆうめいだ	유명하다	☐
260	立派だ	りっぱだ	훌륭하다	☐
261	会う	あう	만나다	☐
262	開く	あく	열리다	☐
263	開ける	あける	열다	☐
264	遊ぶ	あそぶ	놀다	☐
265	洗う	あらう	씻다	☐
266	ある	ある	(사물·식물이)있다	☐
267	歩く	あるく	걷다	☐
268	言う	いう	말하다	☐
269	行く	いく	가다	☐
270	いる	いる	(사람·동물이)있다	☐
271	入れる	いれる	넣다	☐
272	歌う	うたう	노래하다	☐
273	生まれる	うまれる	태어나다	☐
274	売る	うる	팔다	☐
275	起きる	おきる	일어나다	☐

169

알고 있는 단어를 체크해 보세요

번호	일본어	발음	뜻	체크
276	置く	おく	놓다/두다	☐
277	教える	おしえる	가르치다	☐
278	覚える	おぼえる	기억하다/외우다	☐
279	泳ぐ	およぐ	헤엄치다/수영하다	☐
280	終わる	おわる	끝나다	☐
281	買う	かう	사다	☐
282	帰る	かえる	돌아가다/돌아오다	☐
283	書く	かく	쓰다	☐
284	かける	かける	(말·전화 등을)걸다	☐
285	貸す	かす	빌려주다	☐
286	かぶる	かぶる	쓰다	☐
287	借りる	かりる	빌리다	☐
288	聞く	きく	듣다	☐
289	着る	きる	입다	☐
290	来る	くる	오다	☐
291	答える	こたえる	대답하다	☐
292	困る	こまる	곤란하다	☐
293	咲く	さく	피다	☐
294	死ぬ	しぬ	죽다	☐
295	閉める	しめる	닫다	☐
296	知る	しる	알다	☐
297	吸う	すう	피우다	☐
298	住む	すむ	살다	☐
299	する	する	하다	☐
300	座る	すわる	앉다	☐

알고 있는 단어를 체크해 보세요

번호	일본어	발음	뜻	체크
301	立つ	たつ	서다	☐
302	頼む	たのむ	부탁하다	☐
303	食べる	たべる	먹다	☐
304	違う	ちがう	다르다	☐
305	使う	つかう	사용하다	☐
306	疲れる	つかれる	피곤하다	☐
307	着く	つく	도착하다	☐
308	作る	つくる	만들다	☐
309	勤める	つとめる	근무하다	☐
310	出掛ける	でかける	나가다/외출하다	☐
311	出来る	できる	할 수 있다	☐
312	出る	でる	나가다/나오다	☐
313	飛ぶ	とぶ	날다	☐
314	止まる	とまる	서다/멈추다	☐
315	取る	とる	취하다/집다	☐
316	撮る	とる	(사진을)찍다	☐
317	習う	ならう	배우다	☐
318	並ぶ	ならぶ	나열되다/줄 서다	☐
319	並べる	ならべる	나열하다/줄 세우다	☐
320	寝る	ねる	자다	☐
321	登る	のぼる	오르다	☐
322	飲む	のむ	마시다	☐
323	乗る	のる	타다	☐
324	入る	はいる	들어가다	☐
325	始まる	はじまる	시작되다	☐

번호	일본어	발음	뜻	체크
326	走る	はしる	달리다	☐
327	働く	はたらく	일하다	☐
328	話す	はなす	이야기하다	☐
329	晴れる	はれる	(날씨가)개다/맑다	☐
330	引く	ひく	당기다/끌다	☐
331	弾く	ひく	악기를 연주하다/켜다	☐
332	吹く	ふく	불다	☐
333	降る	ふる	(비·눈 등이)내리다/오다	☐
334	待つ	まつ	기다리다	☐
335	見せる	みせる	보이다/보여주다	☐
336	見る	みる	보다	☐
337	呼ぶ	よぶ	부르다	☐
338	読む	よむ	읽다	☐
339	分かる	わかる	알다/이해하다	☐
340	忘れる	わすれる	잊다	☐
341	あまり	あまり	그다지/별로/남짓	☐
342	いくつ	いくつ	몇 개	☐
343	いくら	いくら	얼마	☐
344	(もう)一度	(もう)いちど	한 번 더	☐
345	一番	いちばん	가장/제일	☐
346	いつ	いつ	언제	☐
347	一緒に	いっしょに	함께	☐
348	いつも	いつも	늘/항상/언제나	☐
349	今	いま	지금	☐
350	いろいろ	いろいろ	여러 가지	☐

번호	일본어	발음	뜻	체크
351	すぐ	すぐ	바로/즉시	☐
352	少し	すこし	조금	☐
353	全部	ぜんぶ	전부	☐
354	たいてい	たいてい	대개/대체로	☐
355	たいへん	たいへん	매우/몹시/대단히	☐
356	たくさん	たくさん	많이	☐
357	だいぶ	だいぶ	꽤/상당히	☐
358	たぶん	たぶん	아마	☐
359	だんだん	だんだん	점점	☐
360	ちょっと	ちょっと	잠시/잠깐/조금	☐
361	ちょうど	ちょうど	꼭/딱/정확히	☐
362	どうぞ	どうぞ	부디/아무쪼록	☐
363	どうも	どうも	매우/대단히	☐
364	時々	ときどき	가끔/때때로	☐
365	とても	とても	매우	☐
366	初めて	はじめて	처음으로	☐
367	本当に	ほんとうに	정말로	☐
368	また	また	또	☐
369	まだ	まだ	아직	☐
370	まっすぐ	まっすぐ	곧장/똑바로	☐
371	もう	もう	이제/이미/벌써	☐
372	もちろん	もちろん	물론	☐
373	もっと	もっと	더욱/한층	☐
374	ゆっくり	ゆっくり	천천히	☐
375	よく	よく	잘/자주	☐

번호	일본어	발음	뜻	체크
376	なぜ	なぜ	왜	☐
377	それから	それから	그러고 나서/그 다음에	☐
378	でも	でも	하지만/그래도	☐
379	どう	どう	어떻게	☐
380	どうして	どうして	왜/어째서	☐
381	アパート	アパート	아파트	☐
382	カメラ	カメラ	카메라	☐
383	カレー	カレー	카레	☐
384	コート	コート	코트	☐
385	コーヒー	コーヒー	커피	☐
386	コピー	コピー	복사	☐
387	シャツ	シャツ	셔츠	☐
388	シャワー	シャワー	샤워	☐
389	スカート	スカート	스커트/치마	☐
390	スキー	スキー	스키	☐
391	スポーツ	スポーツ	스포츠	☐
392	セーター	セーター	스웨터	☐
393	タクシー	タクシー	택시	☐
394	テーブル	テーブル	테이블/탁자	☐
395	テスト	テスト	테스트/시험	☐
396	デパート	デパート	백화점	☐
397	トイレ	トイレ	화장실	☐
398	ニュース	ニュース	뉴스	☐
399	バス	バス	버스	☐
400	ホテル	ホテル	호텔	☐

박다진 센세와 함께 익히는
JLPT N5 일본어능력시험 필수단어 400

1판 1쇄 인쇄   2023년 6월 5일

1판 1쇄 발행   2023년 6월 12일

지 은 이   박다진

펴 낸 이   최수진

펴 낸 곳   세나북스

출 판 등 록   2015년 2월 10일 제300-2015-10호

주   소   서울시 종로구 통일로 18길 9

홈 페 이 지   http://blog.naver.com/banny74

이 메 일   banny74@naver.com

전 화 번 호   02-737-6290

팩   스   02-6442-5438

I S B N   979-11-982523-3-3 13730